UN

MOIS A AIX EN SAVOIE

DENYS LUCE.

UN MOIS A AIX
EN SAVOIE

Impressions et Souvenirs.

(JUILLET 1875).

C'est toujours avec complaisance
qu'on se rappelle les aventures qui nous
sont arrivées dans notre jeunesse. Le
souvenir en plaît ; il égaie l'esprit et
c'est avec plaisir que la mémoire fait
effort pour n'omettre aucune des circonstances qui ont mis l'âme dans un
grand mouvement, ou flatte l'amour-
propre.　Mlle DE LUSSAN.

B E A U N E

Imp. Ed. BATAULT-MOROT, rue St-Etienne, 7,

1875.

CHAPITRE Ier

Où l'auteur explique comme quoi il fut obligé
d'aller à Aix, en Savoie, après avoir été à
Nantua.

Appelé, par un procès assez important, à
Nantua, je partais le 12 janvier, de l'an de
grâce 1875, pour cette localité.

Nantua est une petite ville du départe-
ment de l'Ain, située au fond de montagnes
escarpées et abruptes. Couchée nonchalam-
ment à l'extrémité nord de son lac elle
semble l'été toujours sommeiller. Mais l'hiver quelle tristesse, quel froid ! Lorsque les

montagnes et la ville sont ensevelies sous leur blanc linceul de neige, que la vie et le mouvement semblent avoir quitté ce grand cadavre, on croirait voir ces pays fantastiques créés en rêve, ou par l'imagination des poëtes.

Si ce n'eût été le moment de l'année, ce voyage d'affaires se fût changé en un véritable voyage d'agrément, d'autant plus que j'étais forcé : premièrement de par la Compagnie Paris-Lyon-Méditerranée, de m'arrêter à Mâcon toute une soirée et une nuit. J'en profitai pour diner avec mon vieil ami Henri Gloria et fêter avec lui sa toute récente nomination de juge au siége de sa ville ; et puis en second lieu, je devais descendre à Nantua chez le cousin Passerat. Sa charmante petite famille allait être augmentée d'un autre grand enfant.

A Pont d'Ain hélas ! il fallut quitter le confortable wagon de première pour d'incommodes voitures.

Désireux d'arriver à Nantua à onze heures du matin, c'est-à-dire deux heures avant la diligence, je préférai monter dans ce qu'on appelle le *courrier :* C'est une légère voiture et qui fait le service des dépêches dans les villages qu'il traverse.

Il est défendu au conducteur de prendre plus d'un voyageur, je fus celui-là.

Depuis la veille, le temps était affreux, une pluie mêlée de neige fouettait la terre avec rage. Un vent du Nord froid et piquant vous glaçait rien qu'en mettant le nez à la fenêtre. Enfin, bref, c'était un temps à ne pas même oser mettre un... Prussien dehors.

Au moment de partir, Jean le conducteur s'approcha de moi et me dit : Monsieur, le temps est bien mauvais, et ma voiture n'est couverte que par une simple capote, je vous engagerais, si j'avais un conseil à vous donner, à prendre la diligence.

N'ayez pas peur, Jean, lui répondis-je, j'ai un gros manteau, d'épaisses couvertures, avec cela je saurai me garer du froid et de la pluie.

Eh bien ! alors, Monsieur, quand vous voudrez.

Je sautai dans sa voiture et nous partîmes au galop.

Pendant la première heure, je n'eus pas trop à me plaindre, et d'ailleurs à presque toutes les auberges, je réchauffais mon intérieur ainsi que celui de mon compagnon qui affirmait que, de cette façon, il était impossible d'avoir froid.

Tout alla bien tant que nous fûmes protégés par les montagnes, mais quand nous atteignîmes les premiers plateaux, alors je ne riais plus. Je recevais la pluie en plein visage et poussée par la bourrasque, elle entrait dans la capote aussi facilement que le vin du pays disparaissait, il n'y a qu'un instant, dans le gosier de mon voisin. Bientôt, mouillé, trempé, je sentis le froid me gagner petit à petit. Mes vêtements imbibés d'eau gelaient sous la rigueur de la température. Les vins chauds n'avaient plus aucun effet sur moi du moins, il me fallait arriver et changer de linge au plus vite. Le conducteur, un peu excité, pressa son cheval et deux heures après j'étais changé, habillé à neuf et installé chez l'excellent cousin Passerat devant une bonne table et le dos au feu.

Cependant, j'avais un pressentiment que cette pluie et ce froid qui m'avaient saisi si fortement laisseraient quelques traces de leur court passage.

Je ne me trompais pas et j'étais à peine rentré à Beaune, qu'un matin en me réveillant je ne pus allonger ma jambe droite sans de vives douleurs. Je n'y fis d'abord pas grande attention, mais le lendemain, les souffrances ayant reparu plus fortes et à l'épaule je courus chez mon docteur. Observez bien, me dit-il, la nature de vos douleurs et dans trois jours venez m'en rendre compte. Le troisième jour je retournais et j'avais la

triste satisfaction d'apprendre que j'avais re-
cueilli dans mon voyage de Nantua les plus
beaux rhumatismes qu'il soit permis de soigner à vingt-six ans. Je ne quittai pas ma
chambre de tout le reste de l'hiver et de
presque tout le printemps qui, d'ailleurs, fut
fort laid. J'attendais avec impatience l'été,
car on m'avait fait entrevoir dans les eaux
d'Aix en Savoie le souverain remède à mon
mal.

C'est le séjour dans cette ville que j'ai
essayé de raconter. Ces quelques pages sont
écrites sur les notes que j'ai prises à Aix
même, je n'invente donc rien. Je développe
simplement les impressions et souvenirs que
j'avais jetés à la hâte sur mon carnet.

Ils ne vous intéresseront peut-être pas,
aimables lectrices et lecteurs, car j'y parle
trop souvent de moi. Mais comment faire au-
trement puisqu'ils sont le récit fidèle de ma
vie pendant les quelques jours où je devins
l'hôte de ces bons savoisiens.

CHAPITRE II

Ce que l'on peut faire en chemin de fer lorsqu'on a choses et gens à examiner.

L'Eté s'annonçait mal. Il resta pluvieux
et froid jusqu'au 20 juin. A partir de cette
époque, on put croire les beaux jours reve-
nus. Le ciel bleu, le soleil chaud me décidè-
rent à partir. Je bouclai ma valise et le
3 juillet à quatre heures du matin je prenais
l'express qui me déposait à Aix à dix heures.

De Beaune à Ambérieux la route ne pré-
sentant aucune particularité, aucun site, aucun point de vue digne d'ètre regardé, je

restai confiné dans mon coin, examinant à
loisir mes compagnons de voyage. Jusqu'à
Macon je fus seul ou à peu près, car je n'ai
jamais pu savoir si un immense objet roulé
dans un coin, entortillé de couvertures et
de manteaux était un être animé ou ina-
nimé. Je ne lui ai vu ni tête ni pieds, et il
n'eût d'autre mouvement que celui imprimé
par la vitesse du train. En revanche, à
partir de Mâcon, mon compartiment fut
complet.

En face de moi, un vieux ministre anglais
sale et habillé à la mode de 1815. Sa première opération, une fois assis, fut de se dé-
chausser et de nous montrer d'affreux pieds
maigres. Pouah! qu'il y a des gens pro-
saïques! Nous essayâmes quelques observa-
tions, mon voisin et moi, mais le révérend
ne comprenait pas le français, ce jour-là.
Aux deux coins opposés étaient deux jeunes
gens, deux Italiens qui revenaient d'un
voyage d'agrément en France et en Suisse;

ils rentraient dans leurs foyers pour se reposer de leurs fatigues.

Je ne sais pourquoi, ce n'est pourtant pas de parti pris, mais je trouve que la figure d'un Italien manque complètement de franchise. Le sourire est agréable, mais il me semble voir le rictus de Satan. La politesse est exquise, mais on la dirait intéressée. Sans aller aussi loin que Victor Hugo dans son appréciation sur la race italienne, je crois que chaque individu de cette nation apporte avec lui, en naissant, le sentiment de l'ingratitude et de la trahison.

Evidemment, il y a de bons, d'honnêtes Italiens comme il y a des serpents inoffensifs. Mais laissons-les de côté, nous n'avons point à étudier le caractère de ces gens-là.

Les quatre autres places étaient occupées par une famille française. Le père, homme très distingué de manières, d'une figure ouverte, intelligente : la mère, une femme du bon monde ; enfin deux demoiselles dont l'aînée, la plus grande, pouvait avoir de vingt à vingt-deux ans, et la cadette de dix-huit à vingt ans. Sans être très-jolies, elles avaient des figures si gracieuses, si agréables, un sourire si prévenant que l'on se sentait involontairement attiré vers elles. La plus jeune avec ses cheveux plus noirs et ses yeux plus vifs avait quelque chose de plus lutin que sa sœur.

Si je me suis étendu sur cette famille que je ne connais pas encore, c'est qu'il m'est arrivé, chose curieuse, de faire en si excellente compagnie, sans la rechercher je l'avoue, les quelques excursions intéressantes que les baigneurs peuvent faire aux environs d'Aix.

Soit que j'allasse à Chambéry en chemin de fer, soit que je fisse une promenade en voiture, j'étais sûr de rencontrer monsieur et mesdemoiselles Duchet. Cette bizarrerie fit que nous nous rapprochâmes et que M. Duchet surpris me dit un jour sur le bateau à vapeur : Monsieur, présentons-nous mutuellement l'un à l'autre et faisons connaissance puisque nous voyageons ensemble depuis dix jours. Ce qui fut dit fut fait. Du même coup je sollicitai l'honneur d'être présenté à Mesdemoiselles ses filles. Depuis et chaque fois que je rencontrais monsieur Duchet au Casino, nous passions de longs moments à causer des mille riens d'une ville d'eaux. Ce n'était pas non plus sans un vif plaisir que je voyais ces dames et que je m'entretenais quelques minutes avec elles.

Avec nos bavardages, je suis encore à Ambérieux, il est temps d'en sortir. Mon intention était de dire quelques mots sur cette route merveilleuse, mais comment décrire le saisissement que l'on éprouve lorsque quittant la plaine, on s'engage dans une gorge si resserrée que l'on se demande si les wagons ne seront pas éventrés par les rochers. Comment donner une idée de ces montagnes gigantesques, de ces délicieux petits vallons où dort à l'ombre de ces grands arbres un hameau silencieux, de ces petits lacs mélancoliques, de ces grottes sombres, de ces cascades toutes blanches d'écume bondissant avec fracas du haut de la montagne? Tout-à-coup les échos gémissent sous mille bruits répétés, l'air est obscurci par une fumée noire, ce sont le Travail et l'Industrie qui sont venus se réfugier entre ces rochers. Le voyageur étonné et surpris se trouve tout-à-coup en face d'un village composé uniquement d'usines avec leurs longues cheminées rouges et d'immenses bâtiments où logent les ouvriers.

Toutes ces situations pittoresques, tous ces hameaux, toutes ces habitations isolées, tout cela produit une impression que ni le pinceau de l'artiste, ni la plume du poète ne peuvent se flatter d'égaler.

La cime des rochers était couronnée par un brouillard épais d'où se précipitait un torrent qui semblait tomber des nues. On voyait aussi la vapeur blanchâtre qui, s'élevant du fond de la vallée, faisait penser à l'Océan. Les premiers rayons du soleil levant eurent bientôt dissipé toutes ces vapeurs et cette nature déjà, si belle, prit les couleurs les plus variées et les plus vives. Comme je maudissais la rapidité avec laquelle j'étais entraîné loin de ces admirables sites ! Lorsque j'arrivai à Aix je crus sortir d'un rêve ou d'un musée.

CHAPITRE III

Où l'auteur essaye de dépeindre le pays, la
ville et les habitants.

Je n'ai pas la prétention de raconter les
commencements d'Aix, son antiquité et son
histoire jusqu'à aujourd'hui, Dieu m'en pré-
serve. Au surplus, si quelqu'un est curieux
de connaître tous ces détails, qu'il ouvre les
impressions de voyage d'Alexandre Dumas
en Suisse et qu'il lise le quinzième chapitre
de l'ouvrage. Si cette lecture ne le satisfait
pas, qu'il achète alors les nombreux opus-
cules, brochures, livraisons qu'ont fait et

font paraître annuellement MM. les médecins de la ville d'Aix. Il n'est pas de mois,
de semaine, qu'un jeune docteur ne découvre une nouvelle vertu aux eaux thermales,
ou une inscription latine qui ne le mette
sur la trace d'un secret de l'antique cité ro-
maine. Que voulez-vous! ils sont là une
vingtaine venus de Lyon, Chambéry et autres lieux, si leurs noms ne s'étalent pas aux
vitrines des magasins, les étrangers ne les
connaîtront jamais.

Je ne fouillerai donc pas dans les ar-
chives, je ne compulserai pas l'histoire
ancienne de cette trop vieille station bal-
néaire, j'essaierai de donner tout simplement une description de ce que j'ai vu.

Bâtie sur le penchant d'une riante colline
dont les dernières ondulations vont expirer
aux pieds du vert coteau de Tresserve, pro-
tégée à l'Est par la chaîne des Beauges, à
l'Ouest par celle de l'Epine et le mont du
Chat, Aix est entouré de curiosités pittores-

ques de tous genres. A son beau ciel, viennent se joindre toutes les séductions bizarres dont la nature s'est montrée si prodigue dans les régions alpestres.

L'aspect de ce pays est majestueux et doux. Sévère et riant, il unit la grandeur des masses à la pureté des contours ; il a en partage une douce harmonie, des aspects austères, d'autres voilés et rêveurs.

Le fond de la scène, du côté Sud, est fermé par les hauts pics des Alpes du Dauphiné, accumulation de tours de glace, de dômes neigeux, d'arètes noires, de dents âpres et sourcilleuses. Ces cîmes neigeuses sont comme le fond d'un tableau, comme un décor grandiose de théâtre.

Au dessous de cette région ténébreuse, séjour des tempêtes, assiégée de mouvantes vapeurs, s'étend la zône des forêts et des pâturages, semée de chalets, peuplée l'été de nombreux troupeaux dont la paisible sonnerie résonne d'Alpe en Alpe.

Les vallons, les collines se succèdent et
Chambéry semble couler de l'une d'elles.
Rien de plus tendre, de plus sylvestre de
plus bocager que les vertes retraites qui s'é-
tendent de cette ville au Bourget, et du Bourget à Aix. Le sol est substantiel et profond,
les productions luxuriantes et étonnantes.
La campagne d'Aix disposée en gradins coupés de petits vallons noués et dénoués ca-
pricieusement, monte par de gais ressauts et
s'appuie aux assises puissantes des Beauges
qui se prolongent au Nord jusqu'à Culoz.
De noirs sapins en couronnent au loin les
flancs et le sommet, tandis que d'opulents
vignobles tapissant les bas coteaux enser-
rent et enlacent les maisons et les villages
comme le lierre étreint le chêne. Quelques
chalets, quelques villas suspendus à la côte
ajoutent encore au pittoresque du point de
vue.

En face d'Aix s'étend toute la chaîne de
l'Epine, sèche, aride, rocailleuse, inaccessible

aux promeneurs. Elle est à peine parsemée de bouquets de sapins. Au milieu, s'élève fière, orgueilleuse, gigantesque, la Dent du Chat, affreux rocher nu qui sert de baromètre aux gens du pays. Le sommet est-il couvert de nuages : pluie ; est-il au contraire net et découvert : beau temps. Pendant tout mon séjour, je n'eus guère l'honneur de voir plus de dix ou douze fois le crâne chauve du Chat.

Toute cette chaîne de l'Epine qui baigne ses pieds dans le lac du Bourget déploie un luxe sauvage et abandonné. Seuls, à mi-côte, au milieu de la verdure et de la végétation se cachent un château et une abbaye, célèbres tous deux.

Presque en face d'Aix, sur un plateau couronné d'arbres touffus, émerge le château de Bordeau. Il a l'air heureux et étonné de se trouver sur le flanc aride de cette montagne. Il regarde à ses pieds le lac, et au-dessus la cîme des rochers perdus dans la brume.

C'est là que notre grand et vrai poète national , Lamartine , enthousiasmé de la beauté du site, écrivit ces vers admirables, que chacun connaît, je veux parler *du Lac*.

Plus loin en montant, sur un autre plateau et comme faisant pendant à celui où se cache le château de Bordeau on découvre de loin la majestueuse et magnifique abbaye de Hautecombe. J'en reparlerai plus tard.

Plus loin encore à l'extrémité du lac, sur un mamelon entouré d'un côté par les eaux et de l'autre par un fouillis d'arbres impénétrable, on aperçoit les ruines imposantes du château de Châtillon. Elles sont là comme une sentinelle qui garde l'entrée de ce vallon délicieux , comme autrefois les dragons de la fable veillaient sur des trésors chimériques.

Enfin, au milieu de ces montagnes si sauvages et si riantes s'étalent gracieusement les eaux vertes du beau lac du Bourget.

Que de nuances fugitives et délicates,

quelle mobilité dans ses aspects suivant la
saison, l'heure du jour, le rayon du soleil,
le nuage qui passe, la brise qui s'abat sur
ses eaux. Le soleil en montant boit la vapeur, le miroir des eaux reflète alors les ri-
ves avec leurs détails variés : vieux castels,
hameaux, bois touffus, paturages, pics arides,
c'est comme un second paysage immergé
et sommeillant, agité çà et là d'un léger
frisson. L'onde sonore vibre au moindre
bruit et renvoie le cri perçant du coq, l'aboie-
ment du chien, le chant du laboureur, le
clapotement cadencé de la rame du pêcheur,
la lente mélopée des cloches des villages sa-
voyards.

Que de charmes dans ces bruits confus,
vagues qui sont comme une des mille voix
de la nature ! Et puis, quand arrive le soir,
le calme se fait et par de lentes vibrations
le lac rentre dans un repos solennel. Il me
semblait que de ce bruissement de la plaine
et de la montagne, de la forêt et du vallon,

de cet hymne enchanté s'élevant de la terre au ciel ; tout disait : Espoir, Bonheur.

Enfin la nuit était venue et l'on voyait sur la robe verte du lac, les étoiles tracer de petits sillons lumineux. Puis petit à petit, les rivages, la dentelure bizarre des montagnes s'effaçaient et n'apparaissaient plus que comme une sorte de rêve, comme une ligne fantastique.

Voilà pour l'ensemble du pays, disons maintenant quelques mots d'Aix.

La ville (j'emploie ce mot par respect pour les nobles étrangers qu'elle reçoit) n'a rien de remarquable, rien qui puisse être le but d'une visite. Sauf l'établissement thermal que chacun veut voir mais qui est loin d'être ni luxueux, ni confortable, ni intéressant par sa construction et le Casino, grand, complet, riche et dans une jolie position , l'étranger peut aller chercher ailleurs quelque chose à admirer. Sur peut-être quinze cents maisons qui composent la ville, il y a quatorze cents hôtels, auberges, maisons meublées, pensions, restaurants et gargottes. Ajoutez-y quatre pharmacies, deux cabinets de lecture, et deux magasins de bijoux faux et d'antiquités romaines fabriquées à Paris l'année précédente, voilà tout ce qui compose la ville.

Il est impossible de se promener sur les trottoirs où toutes les cuisines établies sous terre ou au rez-de-chaussée, vous envoient des émanations à vous ôter l'appétit de huit jours.... quand vous avez mangé. Pour le pauvre diable qui meurt de faim, il pourrait voir se renouveler le supplice de Tantale.

Les rues sont au nombre de trois, toutes parallèles. La première, celle du bas, est la plus grande et la plus large. C'est là que se trouvent les hôtels de premier rang et le Casino. La seconde, très-étroite à ses extrémités, traverse la grande place. La troisième, celle du haut, passe au pied de l'établissement thermal et va en se prolongeant former la rue des Ecoles, rue que j'avais l'honneur d'habiter. Elle est très-passante, mais si resserrée qu'on pourrait d'une maison à l'autre se tendre la main. La seconde et la troisième de ces rues ont, en outre, l'avantage de posséder des descentes fantastiques. Les maisons sont solidement bâties, bien entendu, je ne parle pas de celles qui sont dans les ruelles. Telle est la ville, que j'ai trouvée fort insignifiante.

Je dois dire pourtant qu'elle a un côté fort pittoresque. Lorsqu'il fait beau, rien n'est plus curieux que de faire un tour de place ou de parc à heures du soir. On voit, en effet, mêlées, confondues, toutes les classes de la société les plus opposées. A côté de deux vénérables ecclésiastiques dont les gros ventres rebondis retiennent leurs mains, leur chapeau, leur mouchoir, et leur tabatière, vous eussiez vu deux fringants gommeux contant fleurette à deux cocottes de la plus haute volée. En face de la mar-

quise de M... et du prince D... se trouve une
bonne famille d'ouvriers. Un vieux capucin
fait ressortir le brillant costume d'un grec ;
le Turc, à la calotte rouge, est plutôt couché
qu'assis, près d'une sœur, à la grande coiffe
blanche. Voyez-vous ce gros ventru, avec
sa figure et ses favoris rouges, tenant
d'une main une grosse pipe et de l'autre une
immense chopine de bière, eh bien ! c'est
un Allemand. Dans une heure, il ronflera
comme un tuyau d'orgue. Regardez aussi
cette magnifique brune aux yeux noirs,
donnant gracieusement le bras à une charmante blonde aux yeux bleus ; c'est une Es-
pagnole avec une Anglaise : le Nord et le
Sud.

Mais quelle est cette femme jeune, jolie,
à la tournure pleine de grâce, à l'œil intelligent, autour de laquelle on fait cercle ; c'est
une Française, j'en suis sûr, et tous ceux
qui l'approchent ne la quittent plus. Et là
bas, cette Brésilienne, ici cette Italienue. Vrai-

ment ce mélange de races, de nations, de
costumes, avait quelque chose de piquant et
d'original.

Quant aux habitants, en général ils m'ont
paru bons, doux, affables envers les étrangers. Ils ont la physionomie ouverte et franche, et souvent ils cachent sous leur bonho-
mie un bon sens et un jugement remarqua-
bles. Cependant, il faut bien dire que la soif
de l'argent leur a ôté de cette qualité
qui était le propre du savoyard : rendre service. Aujourd'hui on exploite l'étranger :
rien pour rien, telle est la devise du moment.
Tu veux voir, de mon champ en friches,
un point de vue, tu paieras; tu as besoin
d'un renseignement, tu le paieras. Ces gens
vivent aux dépens du baigneur pendant six
mois, négligeant tous leurs travaux. Les
moissons ne sont pas rentrées, les foins pas
coupés, les fruits pas cueillis, qu'importe !
le baigneur me fait gagner cinq ou six francs
par jour. Autre signe déplorable : la race

des marmots encombre, en mendiant, les routes, les rues et les hôtels.

Les hommes sont en général bien constitués, ils paraissent forts, vigoureux et durs à la fatigue. Leur habillement se compose toujours d'un veston et d'un pantalon en grosse toile écrue; ils ne connaissent pas encore le luxe des vêtements. Quant aux femmes, elles sont laides, lourdes et grosses; avec cela elles semblent plus vieilles qu'elles ne sont réellement. Une chose surprenante, ce sont leurs pieds et leurs mains si larges et si longs qu'elles pourraient dormir debout sans remuer. Une allemande seule pourrait rivaliser, sur ce point, avec une savoyarde. Comme on reconnaît vite une française, une parisienne ! Quant à leur toilette, elles en ont fort peu, je dirai même point. Je n'ai vu que de simples robes d'Orléans, taillées à la mode du pays. En fait de bijoux, chaque savoyarde a le sien qu'elle porte même la semaine. C'est une fort belle croix Jeannette, en or, re-

tenue au cou par un cœur d'or passé dans un
ruban en velours noir. — La marmaille du
pays est toute déguenillée et sent mauvais.

Il y a beaucoup de religion chez les hommes comme chez les femmes et l'église était
souvent trop petite pour contenir tous ces
braves gens. Ils y ont un air très-recueilli
et très-réservé, ils ne voient qu'une chose :
c'est que celui qui vient s'agenouiller aux
pieds de l'autel, y vient pour prier. Je n'ai
donc point été étonné de leur *émotion*, le jour
où une femme célèbre par son esprit et sa
vie aventureuse, veuve aujourd'hui d'un
homme d'état italien, trouva joli de faire
son petit... effet au milieu du temple saint.
C'était à la messe de onze heures et demie.
Le prêtre était en chaire. La dame en question qui vit tout cela du bas de l'église, n'en
tint pas compte. Au lieu d'attendre tranquillement, ce que tout le monde eût fait, elle
monta majestueusement la petite allée du
milieu, traînant derrière elle une robe de

deux mètres de long, et vint s'installer juste
en face du prédicateur. Si l'effet était produit, que de sourires de pitié elle provoqua
derrière elle. Au moment de l'élévation où
chacun se lève et baisse dévotement la tête,
seule, toute seule, Madame veuve X resta;
assise. Voyons, si cette femme est catholique
et suit sa religion, elle doit connaître sa
messe et se lever dans un moment aussi solennel ; si elle n'est pas catholique, que
vient-elle faire en pareil lieu, à pareil moment au milieu de gens recueillis? Montrer
sa toilette, mais c'est le propre d'un esprit
étroit, et Madame veuve X est une femme
d'esprit. Se montrer , mais grand Dieu ,
je ne pense pas que, vu son âge, elle ait
la prétention d'être une des jolies femmes d'Aix. Ces braves gens étaient stupé-
faits du sans-gêne de cette femme, bravant
leur Dieu. Seuls les gens du monde ne s'en
étonnèrent pas.

CHAPITRE IV

Où l'auteur fait de la réclame pour messire
Coulon et très-respectable et très-vénérable
mistress Bossut.

J'étais arrivé à Aix, comme je l'ai dit plus
haut, par l'express de dix heures du matin.
A la gare, je trouvai le domestique de la maison où je devais loger. Je dis maison, car je
ne descendais ni dans une pension ni dans
un hôtel.

Sur la recommandation d'un excellent ami
de ma famille, j'avais écrit à un certain
monsieur Coulon de vouloir bien, le cas

échéant, me réserver chez lui une chambre
pour le mois de juillet. Cet honnête bourgeois employé des contributions indirectes,
je crois, avait disposé dans sa maison plusieurs chambres qu'il louait aux baigneurs
pendant la saison. Elles étaient fort propres,
la maison fort bien tenue, le service bien
fait. Je n'eus qu'à me louer du garçon, de
François. Pendant ma maladie il m'a soigné
presque en sœur de charité.

Il gémissait autant que moi de me voir
dans mon lit. Comme dans toutes médailles,
il y avait un revers. Le voici : dans cette
maison il n'y avait point de société, personne avec qui je pusse faire connaissance.
Parmi les trois ou quatre autres personnes
qui habitaient avec moi, il n'y avait point
de jeunes gens ; c'étaient de respectables
personnes âgées, complétées par des béquil-
les, ou de vieilles dames dont je n'avais que
faire. Du reste, il n'y avait point de salon,
point de lieu de réunion. Je recommande

néanmoins cette maison aux gens malades qui n'aiment pas le bruit et le brouhaha d'un hôtel ; enfin un dernier avantage appréciable , c'est que je me trouvais à cinquante mètres de l'établissement thermal.

Quant à ma pension, c'était une pension extraordinaire. Située aussi dans la rue des Ecoles, elle était à quelques mètres de chez moi. Elle se composait de deux corps de bâtiment, situés l'un en face de l'autre. Sur celui de gauche était écrit en belles lettres blanches : *Pension Joseph Bossut.* Joseph était le nom du patron, mort hélas ! il y a douze ans dans toute sa gloire, alors qu'il était capitaine de pompiers. Sa digne veuve lui succéda dans la direction de la maison. Outre le restaurant, il y avait aussi plusieurs chambres pour les baigneurs et un salon. Le premier jour où je m'assis à la table d'hôte, composée d'environ quarante couverts, je cherchai parout des yeux une tête de jeune homme ou de jeune femme. Pas une ; la moins vieille pouvait porter cinquante ans à en juger par les cheveux.

O vous, pieuses mères de famille, qui veillez avec tant de soins et d'alarmes sur la vertu de votre fille chérie, si vous craignez les jeunes gens aux regards hardis, les mots à double sens, les rapprochements de la jeunesse : allez avec votre fille à la pension Bossut.

Vous, dignes pères de famille, qui craignez pour votre fils les mauvaises connaissances, la rencontre de ces jeunes filles écervelées ou de ces jeunes femmes coquettes, qui voulez éviter les conversations légères : allez à la pension Bossut.

Vous, saints prêtres, et saintes religieuses qui ne venez à table que pour soutenir votre corps affaibli par les douches, qui aimez, tout en mangeant, le recueillement et la sanctification du repas ; allez à la pension Bossut.

La table, au moment où j'y pris place, se composait de vingt-cinq petits vieux et de

quinze petites vieilles. Voici d'abord deux
vénérables curés fourrant du tabac plein leur
nez et leur assiette, ils ne causent qu'entre
eux, probablement du peu de vertu des
eaux profanes d'Aix. Ecoutez ce petit vieil-
lard, qui n'entendant rien, se figure que tout
le monde est sourd. A côté, sont deux vieilles demoiselles dont les petits bandeaux ra-
menés sur les joues font rêver de 1820. J'eus
l'honneur d'être à côté de l'une d'elles.
Quelle conversation tenir à une momie
d'un autre siècle? Je ne saurais le dire et
je cherchais, lorsque ce fut elle qui commença.

On dit, monsieur, que la route de la grande
Chartreuse est fort dangereuse !

Mon Dieu, madame, (je lui disais madame
pour la flatter,) les pluies, les gelées, la
fonte des neiges ont pu occasionner en hiver
quelques accidents, cela n'a rien qui doive
vous étonner ; mais en plein été il ne peut
y avoir de dangers sérieux.

On dit que des blocs énormes de rochers se détachent et écrasent les voyageurs ?

S'il en est ainsi, ce serait de la folie de s'engager dans un pareil chemin.

Mais croyez-vous , Monsieur , qu'il en tombera ces jours-ci, car je pars demain ?

Je la regardai, croyant qu'elle se moquait de moi, mais son air placide et béat me rassura ; seulement, fatigué de ces questions ridicules, je lui répondis que certainement, pendant toute la semaine, les rochers se détacheraient de la montagne, puisque c'était leur bon plaisir et qu'ils n'épargneraient aucun voyageur assez téméraire pour aller troubler la solitude de la Grande-Chartreuse. Qui sait après tout, si ces rochers ne sont pas mis en mouvement par une puissance surnaturelle qui veut écarter de ces lieux saints les importuns et surtout les importunes. A votre place, Madame, je verrais un avertissement du ciel dans ces évènements extraordinaires et j'attendrais.... à l'an prochain.

Je l'effrayai, je pense, car pendant tout le reste du dîner, elle resta plongée dans le plus profond silence.

Plus loin, un vieux couple tout déplumé était venu réchauffer leurs amours gelées aux 45 degrès de l'établissement. Plus loin encore, une bonne sœur est tellement encapuchonnée qu'il ne m'est pas possible de voir sa figure.

En suivant, une vieille coquette de Genève, qui avait déjà usé trois maris et cherchait une quatrième victime, pérore et jacasse comme une pie. Avec ses cheveux de couleur douteuse, retroussés à la chien, son museau de toutou, ce vieux rogaton du mariage me déplaisait souverainement. Un marguiller ou quelque chose de pareil, placé à côté d'elle lui fait constamment la bouche en cœur. Si je voulais vous parler de ce cacochyme, de cet efflanqué qui a toujours l'air de s'éva-

nouir, de deux ou trois saintes âmes se faisant aussi petites que possible et causant à
voix basse, je n'en finirais pas.

Mon Dieu, m'écriai-je d'un ton lamenta-
ble, que suis-je venu faire dans cette galère?

Heureusement, Dieu entendit mon cri de
désespoir, car il m'envoya quelques compagnons d'infortune, quelques malheureux qui
s'égarèrent et échouèrent dans la pension
Bossut.

C'est ainsi que je fis la connaissance de
M. Lacroix et de sa fille. Je dois avouer que
les trois jours passés avec d'aussi charmantes personnes me laissèrent de profonds et
d'agréables souvenirs.

Puis vint la famille Vacher. Grâce à madame, la pension entendit quelques éclats
de rire. En même temps, arrivait au milieu
de nous un excellent garçon, sérieux, distingué et très-sympathique, je veux parler de
M. Bouchet ingénieur attaché à la Compagnie du Nord. Avec lui et M. Vacher fils,

nous nous arrangeâmes de façon à passer notre temps le plus agréablement possible.

Enfin, quelque temps avant mon départ, je vis s'abattre un beau jour en pleine pension Bossut mes deux plus vieux amis : Auguste Ragon et Louis Maldant que je vous présente, chères lectrices, comme les *gentlemen* les plus accomplis. Ils venaient tuer le temps près de moi, et chercher quelques distractions, s'il était possible. Le lendemain de leur arrivée, une famille de Paris, Mesdames X, venait, faute de renseignements, planter leur tente au premier étage de la pension Bossut.

Telles étaient, au milieu des vénérables et respectables vieillards, les quelques personnes qui savaient encore causer, rire et s'amuser. Il y eut alors deux camps : les *jeunes et les vieux.* Chez les *vieux* on trouvait la quantité, et chez les *jeunes* on trouvait.... la vie.

Toujours est-il que Mme Bossut se déclara

nettement contre nous, et je m'attendais toujours à la voir un jour revêtue du casque et
du brillant uniforme de son défunt mari,
s'élancer sur nous, les *Jeunes*, en brandis-
sant un grand sabre de famille. Ce qui me
rassurait, c'est qu'elle ne réussirait jamais à
mettre en mouvement le bataillon des *Vieux*.

Je dois dire que notre *mère nourricière*
avait des raisons spéciales pour éloigner la
jeunesse de chez elle.

Il y a quelques années, monsieur Tony-
Révillon, que chacun connaît, avait pris
pension chez elle. Au moment de partir,
il s'aperçut que son gousset était vide.
Soucieuse de ses intérêts, Mme Bossut met
l'embargo sur les effets de son pensionnaire.
Que faire ? La position eut été embarrassante
pour d'autres que pour M. Tony-Révillon.

Une idée subite lui avait déjà traversé le
cerveau. « Attends, se dit-il, je m'en vais
te forcer, madame Bossut, de me prier poli-
ment de quitter ta baraque. » Aussitôt il fa-

brique un article méchant en diable, tout
pétillant d'esprit et d'allusions sur la pension Bossut et ses hôtes. L'article parut le
lendemain dans le journal de la localité. Tout
Aix partit d'un rire homérique. Pendant trois
jours, les échos répétèrent un immense hi!
hi! hi! oh! oh! oh! Tous les déjeûners et
dîners furent brûlés à cette pension devenue
célèbre en un jour. Mais le but était atteint,
car, le soir même, Tony-Révillon quittait
Aix avec tous ses effets.

Une autre anecdote, non moins bonne,
toujours sur la pension Bossut :

Il y a tout au plus un an, parut à Aix un
petit guide du touriste et du baigneur avec
renseignements ad hoc. Au mot *pension
Bossut*, le touriste lit avec stupeur les lignes
suivantes :

« Chez madame Bossut on doit manger
« beaucoup et la digestion paraît fort diffi-
« cile, car après le déjeûner et le dîner on
« voit tous les pensionnaires, collés chacun

« sur une chaise des deux côtés de la
« rue , dormir ou bailler au soleil. On di-
« rait un banc d'huîtres? Bref la pension
« Bossut tient salon en pleine voie publi-
que... »

Une chose que je recommande à tous
ceux que la fatalité poussera dans cette maison, c'est de ne pas se laisser intimider le
jour du départ par les nombreux domestiques qui viennent réclamer des pourboires
chimériques. Ainsi, il faut donner à celui-ci
qui vous a apporté une bouteille d'eau de S^t-
Galmier ; à cet autre qui vous a servi à table le lundi ; à cet autre encore qui vous
aura servi le mardi ; à celui-là qui vous aura
dit bonjour ; à ce dernier qui vous a annoncé
un soir qu'il pleuvrait le lendemain. Toute
cette pléiade d'esclaves errants criera, si les
pourboires ne sont pas de leur goût. Et je
laisse de côté les quêtes pour les pauvres,
pour les ouvroirs, pour les sœurs, pour les
frères, etc. etc.... A bien compter, c'est

une augmentation de près de deux francs par jour sur la pension.

Je parlerais bien aussi de la façon incompréhensible dont l'ordonnatrice qui préside à la salle à manger, (et que je vous recommande comme la plus grincheuse des maritornes), met le couvert. Je sais que, pour mon compte, l'on me fit faire le tour de la table sans pouvoir me donner une place fixe. Je ne fus tranquille que lorsque j'eus signifié carrément que je m'en irais si l'on continuait à me promener ainsi.

Je finis et laisse en paix la célèbre pension Bossut, cependant je crierai à la jeunesse qui peut m'entendre : gardez-vous de la *pension Joseph Bossut*, car patrons et domestiques ne sont pas faits pour vous.

CHAPITRE V

Où l'auteur rend des visites et se promène
un peu partout.

La manière de passer plus ou moins agréablement sa journée à Aix diffère suivant les
circonstances et la manière d'être de l'individu :

Ainsi il faut considérer :

1º Si vous êtes jeunes mariés *réellement*
ou si vous avez loué pour la saison une de
ces bizarres créatures qui se feront passer
pour ce que vous voudrez.

2º Si vous vivez au contraire en garçon,

ou si vous êtes avec votre famille ou une partie de votre famille ;

3° Si vous êtes descendu dans un des premiers hôtels, où vous trouverez mille ressources, mille distractions, ou si au contraire vous vous êtes cloîtré dans une maison tranquille , loin du monde et de ses pompes ;

4° Si vous avez des connaissances, des amis assez intimes pour faire avec eux des excursions, des promenades ;

5° Si vous êtes malade, ou si vous ne l'êtes pas ; si vous suivez un traitement sérieux, ou si au contraire vous prenez quelques bains pour votre agrément ;

6° Enfin, la chose la plus importante et qui vous procurera joie ou tristesse, dépend du temps. Le soleil vous sourit-il de ses rayons, ou bien la pluie rend-elle la vallée sombre, nuageuse, laide. Tout est là.

Dans le premier cas, soyez en sûr, vous vous amuserez toujours ; les journées ne seront pas assez longues, les promenades trop courtes. S'il pleut, vous ferez comme plusieurs qui bravaient le mauvais temps et couraient les routes en voiture fermée.

Il faut s'amuser à tout prix ; et, n'est-ce pas à ce moment de la vie, que l'on rit et que l'on veut rire quand même. Je n'étais ni dans l'un ni dans l'autre de ces cas.

Pour le n° 2, la première partie s'appliquait à moi. Je vivais en garçon. Eh, dira-t-on, quoi de plus agréable, de plus enviable que d'être seul, libre et indépendant. Cela est vrai souvent, répondrai-je, mais pas dans le cas présent. Que de fois, me promenant seul, j'aurais voulu avoir quelqu'un pour lui faire part de mes réflexions.

Je remplissais la seconde partie du n° 3, c'est-à-dire la moins agréable ; j'étais condamné, par la force des choses, à ne pouvoir entrer en relations avec personne dans la maison où j'étais descendu.

N° 4. C'est celui que je cherchais à mettre

en pratique le plus possible. Je m'en suis repenti quelquefois. En effet, vous aviez une ou plusieurs personnes avec lesquelles vous sympathisiez, vous éprouviez du plaisir à les voir, à les fréquenter, et, juste au moment où une douce intimité vous dédommageait de ces heures de solitude, ces personnes partaient d'Aix, ne vous laissant que le regret de les avoir connues.

N° 5, pour celui-là, je le connais dans ce qu'il a de plus navrant. Suivant un traitement très sérieux, je ne pouvais m'absenter un matin. A cela, ajoutez-y une fièvre assez intense provenant d'une inflammation des bronches.

Enfin, quand au n° 6, je dois dire que sur trente-six jours, je n'en ai eu que quatorze ou quinze sans pluie.

On comprend qu'avec toutes ces entraves, mes excursions n'aient pas été fréquentes. Aussi, quelle dose de philosophie et de patience j'ai amassée pendant ces jours si tris-

tes et si longs. Si je n'étais pas dans les
conditions voulues pour jouir de tous les
agréments d'une ville d'eaux, je ne suis pas
resté cependant sans passer d'excellentes
journées, d'agréables moments, qui me font
éprouver encore un certain plaisir lorsque
ma pensée s'y reporte.

Tresserve fut la première promenade que
je fis avec Monsieur et Mademoiselle R....
Je dois dire quelques mots de ces aimables
personnes qui m'ont témoigné une certaine
affection. Monsieur R..., riche négociant de
Lyon, avait eu la douleur de perdre sa femme et sa fille-aînée en moins de deux mois.
Il supporta quelque temps avec courage et
résignation cet affreux malheur. Bientôt sa
maison lui sembla vide et triste, son commerce l'ennuya et un beau jour du mois de
juin, pour tuer ou éloigner un souvenir qui
le rongeait, M. R..., fit à la hâte une petite
valise, dit à sa fille cadette, la seule qui lui
restât, d'en faire autant; et c'est ainsi qu'ils

débarquèrent à Aix. La première fois que je
les vis, je fus frappé de l'air profondément
affligé du père et du sérieux de la jeune
fille. Le hasard fit que je me trouvai placé à
table a côté de Mlle Geneviève. Pendant le
repas j'adressai quelques mots à M. R..., et,
le soir, je fis avec lui un tour de parc. La
connaissance se fit d'autant plus facilement
qu'il semblait me porter un certain intérêt
en me voyant un peu pâle et malade. Moi je
m'attachai à eux, car je trouvais un charme
infini à regarder Mlle Geneviève et à causer
avec elle. Quelle jolie jeune fille ! Elle pouvait avoir tout au plus seize ou dix-sept
ans. Elle était bien faite et de taille moyen-
ne. Ses grands cheveux noirs qui pendaient
en deux longues nattes lui donnaient l'air
d'une Vierge de Raphaël. Sa figure était
d'un ovale parfait, sa bouche petite et rose
semblait demander un baiser, ses yeux profonds et noirs brillaient d'intelligence et de
douceur. Une légère teinte de tristesse et de

mélancolie, répandue sur toute sa figure, lui donnait un air rêveur et sérieux qui lui seyait à merveille.

Un jour que j'avais pris une voiture pour courir la campagne, je demandai à M. R. s'il lui serait agréable de venir avec moi. Il accepta. Ce fut une très-gentille promenade que nous fimes tous trois. Tout me semblait plus beau et plus vert. Tresserve, au-dessus de son côteau, caché dans les vignes et les arbres ressemblait à un nid sur une branche. Nous nous arrêtames pour visiter sa charmante petite église. Je déclare n'avoir pas encore vu, dans aucun des villages que j'ai visités, une église aussi propre, aussi coquette, d'un goût aussi pur et élégant. Comme je l'examinais en détail, j'arrivai devant l'autel de la Vierge, où je vis Geneviève à genoux, et priant avec ferveur. Je me souvins du récent malheur qui l'avait frappée, et involontairement je demandai à Dieu la vie et le bonheur pour les miens et pour tous ceux qui me sont chers. Nous revînmes à Aix par Marlioz, nous promettant bien de recommencer le plus souvent possible ces petites courses.

Le lendemain à déjeûner, M. R. me demanda si je voulais l'accompagner à Chambéry, avec sa fille et une de ses amies. J'acceptai avec empressement et à midi nous partions tous quatre.

La visite des curiosités de la ville fut bientôt terminée. A part le vieux château des ducs de Savoie, transformé en préfecture et en logements pour le général et la chapelle ducale, Chambéry s'offre sous les aspects les plus ordinaires et les plus communs. Ses rues sont petites, tortueuses, étroites; ses maisons vieilles, noires et irrégulières. J'ai remarqué pourtant deux ou trois vieux édifices en pierres de taille, et qui ont conservé tout le cachet et le style des temps où ils ont été bâtis. J'ai vu (chose rare aujourd'hui), plusieurs ponts couverts jetés au milieu de la rue, et reliant deux maisons entre elles.

On voulut nous faire admirer une fontaine surmontée d'une pyramide immense, soutenue par quatre monstrueux éléphants en fonte, et au-dessus de laquelle se trouve perchée la statue du général de Boyne. L'ensemble de ce monument, que les gens du pays trouvent très-beau, est lourd, épais, de mauvais goût et sans proportions.

Notre visite terminée, nous allâmes, en attendant l'heure du départ, nous installer sous les ombrages du jardin public. A cinq heures, nous étions de retour à Aix.

Souvent à table, j'avais vu Geneviève me regarder à la dérobée. Si mes yeux rencontraient les siens, je la voyais rougir légèrement et baisser la tête. Ces œillades m'étonnèrent, et je me demandai tout stupéfait si, par hasard, j'avais produit quelque impression sur elle.

Pauvre chère enfant ! garde-toi bien d'ouvrir sitôt la porte de ton cœur. Tiens renfermé en lui ce trésor inappréciable qui s'appelle l'amour ; conserve-le intact le plus longtemps possible.

Le lendemain, M. R. me montra une dépêche de son fils qui le rappelait au plus vite pour ses affaires ; il m'annonça en même temps son départ pour onze heures. Ni supplications, ni prières ne purent le retenir jusqu'au soir. J'implorai près de mademoiselle Geneviève, et je lui dis même : « Laissez partir M. R., il vous autorise à rester quelques jours encore avec votre amie, sous la garde de madame Vacher ; au lieu d'une, elle en aura deux. » Elle hésita, me regarda avec un sourire que je n'oublierai jamais, et me dit : « Croyez-vous que ce soit bien ? Je ne demanderais pas mieux que de rester ici, et pourtant il m'en coûte de quitter mon père. » Je m'attendais si peu à cette réponse que je restai interdit.

« Je suis persuadé, lui répondis-je, que

si votre excellent père agit ainsi, c'est uniquement pour vous faire plaisir, mais à vous parler franchement, je crois qu'il sera bien triste de partir seul. » Je m'exprimais ainsi pour vaincre ses hésitations et l'empêcher de rester. Je sentis qu'il ne m'appartenait pas de peser sur un cœur si jeune et si loyal, aussi, à déjeûner, je lui dis : « Geneviève, êtes-vous décidée à partir ? » Comme elle ne répondait pas, j'ajoutai ; « Il faut suivre votre père ; vous savez ses craintes pour votre santé ; il serait continuellement en souci, évitez-lui ces alarmes. D'ailleurs, j'espère bien que, même à Lyon, vous ne nous oublierez pas. » — « Soyez-en sûr, répondit-elle. »

A midi, je reconduisais à la gare mes deux fugitifs. Je la vis bien pâle au moment où elle me tendit la main pour me dire adieu ; son long regard, qui se noyait dans le mien, me disait tout ce qu'elle ressentait intérieurement. Chère petite, tu auras bien

des adieux plus tristes à faire, tu verras
bien des séparations plus dures que celle-ci.
M. R. me serra la main, me priant de
ne pas l'oublier lorsque je passerais à Lyon.
Quelques jours après, j'appris, par une in-
discrétion de son amie, qui avait reçu une
lettre de Geneviève, que mon souvenir ne
s'était point effacé de son esprit, et que l'on
me priait de passer par Lyon, en quittant
Aix. Je n'en pus savoir davantage. J'eus
bien soin d'éviter Lyon en m'en allant,
voulant laisser à l'éloignement et au temps
la faculté d'agir assez vigoureusement sur
les souvenirs de cette chère Geneviève.

Un jour, après déjeûner, nous traversions
la Grande-Place, M. Bouchet et moi, nous
dirigeant vers Marlioz. Nous passions près
d'un de ces grands omnibus, attelé de ces
gros et forts chevaux, lorsqu'une des deux
bêtes, excitée par les mouches, lança à
M. Bouchet un vigoureux coup de pied qui
porta heureusement sur le gras de la cuisse.

Il en fut quitté pour tenir le lit une journée
entière, et pour faire les jours suivants
quelques promenades en voiture. Bien en‑
tendu je l'accompagnais ainsi que le vieil
ami Ragon. Nous visitâmes le joli petit vil‑
lage de Saint-Innocent. Bâti sur la hauteur,
il domine le lac et la ville. Caché sous ses
arbres et ses vignes, il semble que l'on
passe, en le traversant, au milieu d'un dé‑
cor de théâtre. A Saint-Innocent, il y a une
chose à voir et une chose à goûter.

Ce qu'il faut voir, ce sont les trois cents
lapins blancs élevés par une bonne femme
qui fait le commerce de leur duvet. J'ignore,
par exemple, si elle a réussi à se faire six
mille livres de rente.

Ce qu'il faut goûter, c'est le vin blanc
du pays, appelé par mon cocher le Sans-
Pareil. Il est réellement bon, du moins
celui que nous dégustâmes à l'ombre d'une
coquette tonnelle. Le cabaretier nous en
donna de deux sortes, Le premier était su‑

cré, avec un goût de muscat et extrèmement
mousseux ; le second était sec. Je préfère
ce dernier, et je crois qu'un déjeûner, assai-
sonné de ce petit ginguet, ne serait point
méprisé, même par un fin gourmet.

Un autre jour, nous étions allés au Bourget, côtoyant le bord du lac ; une autre fois
à Viviers, sur la route de Chambéry. Connaissant fort peu le pays, j'avais choisi un
cocher à l'air intelligent et honnête, et je
lui disais chaque fois que je montais dans
sa voiture : « Où vous voudrez, pourvu que
la route soit jolie et ombragée.

Grâce aux pourboires et aux nombreuses
chopines de vin qu'il s'offrait à mon compte,
pendant que j'examinais le paysage, je ne
me suis pas mal trouvé de ce système. Jamais mon automédon ne m'a conduit deux
fois sur la même route, et comme il ne
manquait pas d'esprit et de connaissance des
lieux, il n'était pas une de mes questions à
laquelle il ne répondit. J'en apprenais plus

près de lui en une heure sur les gens et les choses que pendant toute une journée à la table d'hôte ou au Casino.

Telles étaient les promenades que je faisais seul ou avec ces messieurs, lorsque le temps le permettait.

S'il était incertain, ou si la pluie tombait un peu, j'en profitais pour rendre quelques visites.

Parmi les personnes chez qui j'avais l'honneur d'être reçu, je citerai Monsieur et Madame T.

La première fois que je me présentai chez Monsieur T., sur la recommandation d'un ami commun, je fus reçu par une femme si jeune, si jolie, si gracieuse, qu'au bout d'un instant, je me dis à moi-même : « Mais tu appelles cette femme madame; tu es un sot, ce ne peut-être que sa fille. » J'en étais là de mes doutes, lorsque la porte s'ouvrit et qu'apparut la plus ravissante personne. Elle vint s'asseoir à côté de celle

qui était véritablement sa mère. Eh bien,
je l'affirme, l'une à côté de l'autre, elles
avaient l'air de deux sœurs. L'une était
blonde, la mère ; l'autre était brune, la fille.
Elles avaient toutes deux le même air de
jeunesse, la même distinction, le même
sourire fin et gracieux. Il fallait bien les regarder pour remarquer que la blonde avait
quelque chose de plus femme, de plus sérieux dans les traits. Au Casino, elles firent
sensation, et l'on ne pouvait s'empêcher de
les admirer et de dire : « Dieu ! quelles jolies femmes ! » Ajoutez à cela l'amabilité
la plus franche, le laisser-aller le plus délicieux, et l'on avouera qu'il était difficile de
ne pas se sentir entraîné vers le petit cercle dont elles étaient les reines.

C'était avec un grand plaisir que je
voyais ces dames, soit en visites, soit au
Casino, où elles voulaient bien accepter mes
hommages.

J'eus aussi la bonne fortune de rencontrer à Aix un vieil ami de ma famille, Monsieur Léon M***, ancien conseiller d'Etat. Retiré maintenant à Voiteur, dans le Jura, il s'occupe d'agriculture et fait valoir ses immenses propriétés. Jouissant d'une très-belle fortune et d'une grande influence due à ses talents, à ses mérites et à sa bonté naturelle, il a toujours été choisi par ses concitoyens pour les représenter au Conseil général. D'un caractère enjoué, gai et vif, cet excellent Monsieur M*** contribuait à me faire passer les plus agréables soirées qui se puissent imaginer. Poussant la bonté jusqu'à venir me chercher chez moi, nous partions de notre pied léger, et nous nous dirigions du côté de Marlioz, soit par la montagne, soit par la grande route. Causeur agréable et spirituel, les heures passaient avec lui si rapidement que souvent nous rentrions à Aix juste à temps pour nous habiller et dîner.

Monsieur M*** était descendu au grand

hôtel des Ambassadeurs, avec ses *deux demoiselles*, comme le disait si élégamment la liste officielle des étrangers. C'étaient deux ravissantes jeunes filles dans tout l'éclat de la jeunesse et de la beauté. Brunes toutes deux, elles avaient un petit air futé et malin qui semblait dire aux jeunes muguets tout fiers de les approcher : « Gare à vous, si vous dites des sottises. » Elles étaient deux gracieux ornements du grand salon du Casino, et lorsqu'un flot de lumière les enveloppait, on aurait cru voir un de ces tableaux de Rubens ou de Van-Dick, si étincelants, si brillants à l'œil.

Ce ne fut pas sans un grand regret que je vis partir M. M***. Jurassiens tous deux, amis des mêmes familles, j'avais bien du plaisir à causer de mes montagnes, des pays que je connaissais, et surtout de nos amis communs.

Ainsi va la vie ; on se connaît le matin pour se quitter le soir !

————

CHAPITRE VI

Comme quoi en plein lac on est exposé à faire
des rencontres inattendues.

Un matin à déjeûner, Monsieur Bouchet
qui était alors mon voisin de table me dit :
« Ne faisons-nous pas aujourd'hui une promenade ? Jamais le temps n'a été aussi
beau, profitons-en. »

« Je suis tout-à-fait de votre avis, lui
répondis-je, enchanté de la proposition ; les
beaux jours sont assez rares pour ne pas les
laisser perdre. Si nous allions à Hautecombe, par le bateau à vapeur ? — Va pour

Hautecombe, répondirent en même temps
Monsieur Bouchet et Monsieur Vacher, mon
autre voisin. »

A une heure, nous étions sur le pont de
ce bateau à vapeur, que j'appellerai avec
plus de justesse une coquille de noix pon-
tée. Quelques minutes après, nous fendions
les eaux vertes et paisibles du beau lac du
Bourget. Le bateau était au complet, les
premières surtout. Tout en causant avec ces
messieurs, qui étaient en face de moi, je
n'avais point remarqué mon voisin de
droite. Tout-à-coup, en me retournant, je
me trouvai face à face avec mon inévitable
Monsieur Duchet et ses deux jeunes filles.
La promenade prenait un attrait de plus. La
conversation devint bientôt générale entre
nous tous. Ma lorgnette, d'un autre côté, fit
le bonheur de ces demoiselles, qui ne pouvaient s'empêcher d'admirer ces eaux couleur d'émeraudes, prisonnières entre des
montagnes si sauvages et si belles.

Tout en bavardant et en admirant, nous étions arrivés à Hautecombe. Le capitaine du bateau accorde galamment à ses passagers une heure d'arrêt pour visiter l'abbaye et la fontaine intermittente. Nous descendions à terre tous les six et je mettais le pied sur la jetée, lorsque je me sentis frapper à l'épaule. Je me retourne, et je me trouve nez à nez avec madame Marie S***. Mon étonnement fut si grand que je restai la bouche ouverte, et j'eus l'air si ébahi que Marie partit d'un grand éclat de rire.

— Eh bien oui, me dit-elle, c'est moi. Je suis venue faire un tour en Savoie ; qu'y voyez-vous de si extraordinaire ? Ne suis-je pas libre comme l'air ?

— Si fait, si fait, lui répondis-je, un peu remis de ma surprise, mais je m'attendais si peu au plaisir de vous voir que vous comprendrez ma stupéfaction.

Et aussitôt prenant mon bras, nous montâmes la pente rapide qui conduit à l'abbaye.

5

Elle se compose des appartements royaux et d'une église qui, quoique moderne, est construite sur le plan et dans la forme gothiques. Les murailles en sont blanches comme la neige ; si elles eussent été brunies par ce vernis sombre que les siècles seuls déposent en expirant, on la prendrait à l'extérieur pour une bâtisse du quinzième siècle.

En entrant, on heurte un tombeau ; c'est celui du fondateur de la chapelle, du roi Charles-Félix ; il semble qu'après avoir confié à l'Eglise les corps de ses ancêtres, lui, le dernier de sa race, ait voulu, comme un fils pieux, veiller à la porte sur les restes de ses pères dont la chaîne remonte à plus de sept siècles.

« De chaque côté du chemin qui conduit au chœur, dit Alexandre Dumas, auquel nous empruntons ces quelques lignes, sont rangés de superbes tombeaux de marbre, sur lesquels sont couchés les ducs et les duches-

ses de Savoie, les ducs avec un lion à leurs
pieds, type du courage, les duchesses avec
un lévrier, symbole de la fidélité. D'autres
encore, qui ont marché par la voie sainte,
au lieu de suivre la voie sanglante, sont re-
présentés avec un cilice sur le corps et des
sabots aux pieds, en signe de souffrance et
d'humilité ; presque tous ces monuments
sont d'un beau travail et d'une exécution
puissante et naïve ; mais au-dessus de chaque tombeau, et comme pour jurer avec eux
et donner un démenti au caractère et au
costume, un beau médaillon ovale ou carré
représente, exécutée par des artistes mo-
dernes, une scène de guerre ou de pénitence, tirée de la vie de celui qui dort sous
la pierre qu'il surmonte. Là, vous pouvez
voir le héros, dépouillé de l'armure de
mauvais goût qui le couvre sur son tombeau, combattant en costume grec, un
glaive ou un javelot à la main, avec la pose
académique de Romulus ou de Léonidas.

Ces messieurs, sans doute, étaient trop fiers pour copier, et avaient trop d'imagination pour faire du vrai. La paix du ciel soit avec eux. »

Nous vîmes quelques religieux priant pour les âmes de leurs anciens seigneurs. Ce sont des moines d'une abbaye de Citeaux qui ont charge de la desservir.

La date de la fondation de cette abbaye remonte au commencement du xII[e] siècle, et deux papes sont sortis de son sein : Geoffroy de Châtillon, élu en 1241, sous le nom de Célestin VI, et Jean Gaëtan des Ursins, élu sous celui de Nicolas III, en 1277.

Après ces détails sur Hautecombe, donnons en quelques-uns sur mon apparition.

Marie S*** était une jeune femme que le mariage avait promptement désillusionnée. Etait-ce la faute de son mari, était-ce une antipathie naturelle de celle-ci pour ce sacrement ? Je n'en sais rien ; seulement ce que je sais, c'est qu'après six mois de ma-

riage, la séparation était chose accomplie,
à la grande satisfaction de Marie S***. Je
ne me rappelle plus au juste par quel con-
cours de circonstances je parvins à faire sa
connaissance, mais pour le moment, je
n'avais point d'autre titre près d'elle que
celui d'ami. Il y avait près de deux ans que
je ne l'avais vue, car elle avait quitté Di-
jon et était allée promener ses pénates dans
toutes les grandes villes où l'on s'amuse.
Je vous vois, aimables lectrices, curieuses
de connaître, au physique et au moral,
cette excentrique créature ; je vais essayer
de vous en donner à grands traits une esquisse.

Elle était petite, mais admirablement
bien faite ; sa démarche ne manquait pas de
désinvolture et de grâce, sa physionomie
avait quelque chose de piquant et de provo-
quant. Ses yeux noirs et pleins de feu
avaient intimidé plus d'un amoureux ; ses
pieds et ses mains, d'une finesse remarqua-

— ble, dénotait de la race chez cette femme.
Sur sa bouche mignonne, on voyait toujours errer un sourire moqueur. Ce que
chacun admirait et que toutes les femmes
lui enviaient, c'était sa chevelure. Tantôt
laissant flotter au gré du vent tous ses cheveux, longs et noirs comme l'ébène, elle
s'en entourait et s'en enveloppait comme
une frileuse ; tantôt elle les laissait pendre
en deux grandes nattes.

D'un caractère franc et entier, elle ne sa-
vait farder la vérité. N'écoutant que son ca-
price, elle était la plus originale que j'aie
connue. Inconstante dans ses idées, elle
n'exécutait jamais les projets qu'elle avait
formés la veille. Telle était la femme qui
me frappa sur l'épaule, alors que je descendais tranquillement du bateau à vapeur.

Après avoir visité l'abbaye, au lieu de
pousser jusqu'à la fontaine intermittente, je
l'engageai à pousser seulement jusqu'au
petit châlet-restaurant, où nous fêterions

son arrivée par une bouteille de champa-
gne. Ce plan fut accepté et immédiatement
mis à exécution. Elle me raconta qu'elle
voyageait pour ne pas s'ennuyer, et que
poussant jusqu'à Aix, et ayant vu mon nom
sur la liste, elle me cherchait, et ne voulait
pas quitter la ville sans m'avoir serré la
main.

« Vous parlez d'or, madame, m'écriai-
je et je veux pour ces gentilles paroles
vous porter un toast. » En disant ces mots,
je remplissais sa coupe et la mienne, que
nous vidâmes d'un trait. Nous jasions
comme deux enfants, lorsque la cloche du
bateau à vapeur nous rappela que l'heure
s'était écoulée. Nous reprenons au plus vite
le chemin du port. Vous savez que je pars
demain, me dit-elle, soyez assez bon pour
m'accompagner ce soir à la promenade.

A sept heures, je lui envoyais la plus élé-
gante voiture que je pus trouver et jusqu'à
dix heures du soir, nous bavardames de mille

choses, de mille souvenirs. L'air était calme et tiède et les foins nouvellement coupés, les fleurs des arbres nous envoyaient leur parfum. Lorsque le froid commença à se faire sentir, je ramenai chez elle au galop ma belle amie et après lui avoir dit adieu et souhaité un bon voyage, j'allai finir au Casino une journée si bien remplie.

CHAPITRE VII

Où l'auteur se lance dans une aventure tragique
et se livre à de profondes réflexions sur l'état
des Veuves au XIX⁰ siècle.

Ce chapitre, chers lecteurs et chères lectrices,sera,si vous le voulez bien, le chapitre
de la galanterie. Ne vous effrayez pas trop
de ce mot, adouci comme vous le verrez dans
un instant par la médecine, il deviendra le
mot le plus anodin de la langue française.
Je ne veux pas vous raconter autre chose,
qu'une espèce de confession du cœur. Comme
je ne suis pas tenu par le serment au secret

de ce que j'ai vu et entendu, je lèverai un peu le coin du voile sur les aveux que peut faire une jolie femme qui s'ennuie. Vous ne lirez que le récit des impressions *d'une autre* et vous n'y verrez qu'une petite intrigue commencée plutôt par désœuvrement, sans y penser, et continuée par intérêt, par curiosité.

Une grande et belle maison faisait face à ma chambre. Elle était habitée autrefois par un banquier, mais il y a deux ans à peine, la mort impitoyable fauchait le financier. Sa veuve resta seule, sans enfants, ne voulant pas quitter cette maison où elle avait été si heureuse, disait-elle. Seulement suivant l'usage général du pays, elle loua, pendant la saison des bains, les nombreuses chambres qu'elle n'occupait point.

Un jour donc que j'étais à ma fenêtre, je vis juste à celle en face une jeune femme en noir. Son air fier et distingué, sa chevelure d'où ruisselait le jais me frappèrent tout

d'abord. Nous nous examinions mutuellement à la dérobée comme quelqu'un qui cher-
che à définir ce qui l'intrigue.

Le lendemain à la même heure, j'aperçus
mon inconnue. Involontairement, sa vue
attira un sourire sur mes lèvres. Je le répri-
mai aussitôt, lorsque je vis la petite bouche
de ma voisine répondre à mon sourire. Etait-
ce un mouvement de sympathie subit et fatal,
qu'il nous eut été impossible d'empêcher, je
suis porté à le croire.

Furieux contre moi-même d'avoir souri à
une personne que je ne connaissais pas, je
ne reparus pas à la fenêtre de toute la journée. La nuit je revis cette figure en rêve, je
fis mille suppositions et je bâtis mille his-
toires plus absurdes les unes que les autres.
Je voulus savoir à tout prix qu'elle était cette
femme qui m'intriguait à ce point.

Le lendemain, sous un prétexte banal, j'allais chez madame Z.., désignons là sous cette
simple lettre si vous le voulez bien et je lui

dis en hésitant le motif futile de ma visite.
Elle me répondit très-gracieusement et
me pria d'entrer au salon.

Mon but était atteint, j'eus bientôt laissé
de côté le motif ridicule qui m'avait amené.
Je cherchais dans notre conversation décou-
sue et sans suite à savoir à quelle femme
j'avais affaire. Je l'étudiais dans ses réponses
et essayais de la deviner. Dieu sait comme il
est difficile de lire dans une femme! Cependant je ne sortis pas de chez elle sans de pré-
cieux renseignements sur son compte.

Une entrevue ne me suffisait pas, il en
fallait d'autres, elle me les fournit elle-même.

Vous êtes seul, à Aix, me dit-elle.

— Oui madame et parfois il est pour moi
des heures qui ressemblent à des mois.

— - Il n'y a rien d'étonnant à ce que l'ennui vous tourmente, puisque moi qui suis
du pays, qui y ai toutes mes habitudes et
mes connaissances je ne suis pas à l'abri de
cette horrible maladie. Certains jours, je pré-

férerais être morte que d'être réduite à broyer
du noir comme je le fais.

— Eh bien ! madame, il y a un remède
souverain contre ces sortes de maux ; faites
comme moi toutes les fois que vous le pourrez, mettez y du *rose*.

Il paraît que je lui débitai cette phrase
d'un ton assez comique et plaisant, car elle
se mit à rire aux éclats, me demandant, me
suppliant de lui dire où je prenais mon rose.

Mon Dieu, madame, lui dis-je, ce remède
que je vous donnerais avec grand plaisir,
vous allez le refuser, quand vous saurez que
c'est moi-même qui en mesure la dose en présence du malade, qui en fait l'application et
en surveille les effets ?

Ma déclaration était à bout portant, j'eus
peur qu'elle ne rejaillit sur moi et me tuât.
J'attendis une seconde avec anxiété, tout en
dévorant l'impression produite sur sa figure.

La gaîté l'emporta encore ; je respirai,
car un ennemi qui rit, est désarmé.

Ah! reprit-elle, vous êtes l'inventeur et l'expérimentateur de votre système! Vous avez raison après tout; on verrait tant de sottes gens l'employer qu'il perdrait de sa valeur. Je ne dis pas que par pure curiosité, car vous le savez nous autres nous sommes toutes curieuses,...

Je le savais, dis-je, en m'inclinant.

Ah! reprit-elle, eh bien par pure curiosité, j'essaierai de votre moyen, si toutefois il m'arrivait encore de broyer du noir.

Je m'étais levé sur ces paroles, ne voulant pas compromettre le succès que j'entrevoyais bien loin à l'horizon.

Le soir nous nous adressâmes le plus gracieux des bonsoirs qu'entre amis d'une heure, on peut s'adresser.

Le lendemain, à midi, j'étais à mon poste, je vis sa fenêtre s'entrouvrir :

Eh bien! lui dis-je vivement, rit-on ou pleure-t-on?

— Voilà, répondit-elle, avec une petite moue adorable, si encore j'étais complètement plongé dans l'ennui, j'aurais recours à mon médecin.

— D'ici ce soir, j'espère que vous y arriverez, lui dis-je avec joie; en tous cas, vous le savez, un médecin n'a pas d'heure, il se doit...

— Tout beau, dit-elle, avec un air de reproche, je préférerais mourir que de déranger quelqu'un, surtout mon médecin, après neuf heures du soir.

— Madame, je vous jure que ...

— Ne jurez pas et ..., venez voir, ce soir à huit heures en quel état je me trouverai. A tout-à-l'heure donc, me cria-t-elle, en m'envoyant un gracieux au revoir, de la main. En même temps, refermant les volets, elle disparut.

Un instant je crus rêver, mais j'arrivai à me persuader le contraire, en répétant cinq ou six fois ses propres paroles : Venez ce

soir à huit heures voir dans quel état je me
trouverai.

Ce jour-là il pleuvait à torrents, je m'éten-
dis sur mon canapé et je me mis à réfléchir
profondément.

C'est une veuve, me disais-je, rien n'est
plus agréable que cette position pour une
femme jeune, riche et jolie.

Et je voyais passer comme une vision devant mes yeux : et la veuve indienne qui se
brulait sur le bucher où se consumait le corps
de son époux, et la veuve des premiers temps
chrétiens qui vivait dans la retraite ; et la
troupes des veuves sexagénaires occupées à
visiter et à soulager les malades et les pri-
sonniers, à nourrir les pauvres, à enterrer
les morts, à surveiller et à instruire les vierges
chrétiennes.

Ce caractère saint et sacré que l'antiquité
attachait à la veuve, recevait bien quelques
taches. Rien n'est parfait ci-bas. Témoin cette
matrone d'Ephèse, cette veuve qui fit bâtir

un splendide tombeau à son mari défunt,
s'y enferma bien résolue à mourir de faim et
de douleur. Un soldat montait la garde à deux
pas de cette solitude. Tout en se promenant,
la pique sur l'épaule, il entend gémir. Il va
au mausolée, voit la veuve, la console et lui
montre l'avenir brillant et prospère devant
ses trente ans épanouis. Elle l'entend, elle
l'écoute, elle le comprend. Le soldat déplace
la pierre énorme qui clot ce sépulcre, et la
dame saisie à la vue de ce beau cavalier qui
lui apparait aux pâles clartés d'une nuit
d'été, le suit machinalement. Ou allaient-ils?
que firent-ils? Nul ne le sait. La lune fut
leur seul confident dans cette nuit de rédemp-
tion. La veuve ne reparut jamais au tombeau
de son époux défunt . . . .

La veuve du XIXe siècle, si elle n'a pas
ce cynisme de la belle matrone, n'a pas non-
plus le respect de son état, comme les veuves
antiques. Si elle ne se brûle pas sur un bu-

cher, elle n'en donne pas moins le spectacle d'une vraie douleur.

Elle s'enveloppe de crêpe noir. Elle passe les six premiers mois à l'église et au cimetière; elle fuit les bals, les spectacles, les réunions; enfin sous le voile épais qui couvre son visage, elle fait le plus grand acte d'abnégation qu'une femme puisse accomplir : elle cache sa beauté.

Un homme toujours jeune et toujours vrai, La Fontaine, a parlé de la veuve avec cette verve charmante et libre qui lui est particulière. Je ne puis résister au désir de transcrire ici les premiers vers de cette jolie fable intitulée : *La jeune veuve.*

La perte d'un époux ne va point sans soupirs;
On fait beaucoup de bruit ; et puis on se console;
Sur les ailes du temps la tristesse s'envole ;
Le temps ramène les plaisirs.
Entre la veuve d'une année
Et la veuve d'une journée
La différence est grande : on ne croirait jamais
Que ce fût la même personne ;

L'une fait fuir les gens et l'autre a mille attraits :
Aux soupirs vrais ou faux, celle-là s'abandonne,
C'est toujours même note et pareil entretien
On dit qu'on est inconsolable :
On le dit mais il n'en est rien.

.   .   .   .

Mais trève de réflexions. Laissons là les veuves en général pour nous occuper de madame Z en particulier.

———

CHAPITRE VIII

Où l'on verra que l'on peut devenir médecin sans le savoir. Suite du chapitre précédent.

L'on se rappelle que le soir même à huit heures, je devais aller voir dans quel état se trouvait ma belle éplorée. A l'heure dite, je me présentais hardiment. Je la trouvai dans son petit salon, étendue sur son canapé et s'éventant.

— Ah ! vous voilà, dit-elle, c'est bien ; je n'osais presque pas compter sur votre visite.

Je lui demandai immédiatement des nouvelles de sa tristesse.

— Je vais mieux répondit-ellé, et puis je crois que la perspective de m'appliquer des remèdes m'effraie et contribue à me guérir.

— Prenez garde, lui dis-je, ce n'est pas combattre le mal qu'agir ainsi, c'est tout au plus l'endormir pour le rendre plus fort et plus puissant à son réveil. D'ailleurs, belle malade, la médecine n'est pas ce que chacun pense. On compare tous les médecins à des bourreaux à des tortionnaires; on croit que l'on va souffrir mille douleurs parcequ'un docteur prépare une ordonnance.

Erreur, grande erreur !

Si telle est l'idée que vous vous faites de la médecine et des médecins, renvoyez-moi bien vite.

Et comme je faisais mine de me retirer :

— Non, restez, s'écria-t-elle.

— Pour moi, madame, je n'ai pas foi aux moyens violents, aux drogues et aux remédes à noms baroques, pour moi mon grand spécifique c'est la nature. Je ne veux pas

qu'on la force en rien, qu'on détourne de
leur voie ses mouvements de quelque part
qu'ils viennent. Je réclame pour elle la plus
entière liberté.

— Vous êtes, n'est-ce pas, continuai-je,
le composé d'un corps et d'une âme? Pour
le corps, adressez-vous à l'apothicaire; c'est
lui qui vous mettra un peu de baume sur la
piqûre qu'aura pu vous faire l'épine d'une
rose. Ceci ne me regarde pas.

Quant à votre âme, traitez la, comme elle-
même vous l'inspirera. Donnez à ses senti-
ments la plus grande manifestation.

Dans un sublime élan de reconnaissance
ou de remords, vous sentez-vous attiré vers
Dieu : jetez-vous à genoux et priez ; s'il le
faut, endossez le cilice et couvrez-vous du
voile de la pénitence.

Concevez-vous une sainte horreur pour la
société en général, conservez quelques amis
et renoncez au monde.

La misère humaine vous touche-t-elle et

vous émeut-elle, faites deux parts de vos biens, gardez en une pour vous et distribuez l'autre aux malheureux.

Une mort peu éloignée, des souvenirs doulonreux amènent-ils des larmes sur vos beaux yeux, pleurez sans crainte.

Enfin madame, si par bonheur votre cœur si bon et si sensible était encore illuminé d'un de ces reflets divins, si l'amour, présent de Dieu, don qui nous rapproche de la divinité et nous fait vivre sur la terre, si l'amour n'a pas abandonné votre cœur, eh bien madame, aimez, aimez jusqu'à la passion.

En disant ces derniers mots j'avais saisi sa main et je fus tout étonné de me trouver à son côté. Elle s'était relevée insensiblement et sans retirer sa main de la mienne, elle se pencha à mon oreille et me dit :

— Croyez-vous à la sincérité de vos paroles ?

— Si j'y crois, madame, mais comme à

votre beauté, comme au charme irrésistible
qui vous entoure et attire à vous.

— Ces moyens sont peut-être excellents,
reprit-elle, mais ils ne peuvent produire un
effet instantané, il me semble même devoir
être fort long.

— Détrompez-vous, madame, car je veux
qu'avant huit jours, vous me disiez : vous
aviez raison. Et d'abord je vous conseille ce
soir de prendre des glaces.

— Avec vous?

— Certainement, pourquoi pas?

— Au fait, reprit-elle, ordonnez, c'est à
moi d'obéir.

— A quoi bon vous plaindre, repris-je vivement, n'est-ce pas ainsi depuis qu'il y a
eu un homme et une femme en présence.

Tout en bavardant, les glaces avaient dis-
paru et onze heures sonnaient en ville.

— A demain, me dit-elle en se levant.

— A demain, répondis-je.

— Suivez bien mon régime au moins, lui criai-je du bas du jardin.

— A la lettre, répondit-elle, en m'envoyant de la main un gracieux bonsoir.

CHAPITRE IX

Où l'on verra encore qu'il n'est nullement
besoin d'être docteur pour opérer des cures
merveilleuses. Suite des deux chapitres pré-
cédents.

En rentrant chez moi, je me demandais
sérieusement si je devais continuer à me
lancer plus avant dans cette aventure. J'hé-
sitai quelque temps. Devais-je toucher aux
plis noirs de cette sombre robe, devais-je lever ce voile de deuil ? Piqué par la curiosité,
je pris intérêt à la cure que je voulais opérer

et je résolus de pousser aussi loin que possible cette petite intrigue.

Le lendemain à midi, je vis ma belle malade à sa fenêtre ; elle était en peignoir blanc ce qui donnait une nouvelle beauté à sa figure brune et à ses cheveux d'ébène. Nous engageames une longue conversation que le soleil vint interrompre en dardant sur ma tête ses rayons de feu.

Le soir, il était à peine sept heures, que je me présentais chez madame Z.

Madame est au jardin me dit la femme de chambre. J'y allai et je la trouvai assise sous un bosquet, la tête appuyée sur son bras gauche et les yeux fixes comme une personne qui rêve. Le gazon avait amorti le bruit de mes pas.

— Faites attention, madame, la rêverie entraine souvent avec elle plus de tristesse que de joie.

Surprise, elle se retourna brusquement et en même temps qu'un gracieux sourire éclairait sa figure, elle me tendait sa main que je portais respectueusement à mes lèvres.

— Docteur, me dit-elle d'un air moqueur, offrez moi votre bras et faisons un tour de jardin. Vous disiez donc qu'il faut fuire la rêverie, même quand dans ces moments où, libre et vagabonde, la pensée se reporte sur celui que l'on aime ou du moins que l'on croit aimer ?

Ses deux yeux perçants s'attachèrent sur les miens. comme pour y lire ma réponse intérieure. Je ne parus pas étonné de sa question et je lui répondis tranquillement.

— Il est toujours bien doux de reporter sa pensée sur ceux que l'on aime, mais je préfèrerais. si des obstacles insurmontables ne s'y opposent pas, les voir de mes propres yeux, leur parler afin qu'ils me répondent, les presser sur mon cœur, leur dire le bonheur que je ressens d'être près d'eux, je préfèrerais cela, si je le pouvais, à cette conversation muette, à ces illusions que l'imagina-

tion se crée et qu'un seul cri, un seul
mouvement étranger, détruisent fatalement.
En un mot, il est des cas où j'aime mieux
la réalité que le rêve. Ne croyez pas pour
cela que je sois l'ennemi de la rêverie, des
folles chimères, des illusions dorées, oh non !
bien au contraire, mon caractère m'y pousse
et je suis heureux lorsque dégagé de tout
souvenir terrestre, je laisse s'envoler ma
pensée dans un monde idéal, inconnu.

— Vous avez raison, reprit-elle, jouissons
de ce que nous possédons et réservons les
rêveries pour l'heure où nous serons seuls
et éloignés de ceux que nous aimons. . . .
puis changeant subitement de ton et de conversation :

— Admirez donc mes fleurs, vous n'avez
pas l'air de les regarder. Voulez-vous que
j'en mette une à votre boutonnière?

Elle quitta mon bras et s'élança dans le
parterre, cueillant, coupant, ne trouvant rien
d'assez beau.

Pendant ce temps je parcourais les allées, en furetant partout. Elle le vit bien.

— Que cherchez-vous, dit-elle, préférez-vous plutôt une fleur qu'une autre ?

— Je regardais si vous aviez de l'héliotrope.

Elle sourit et comprit ce langage muet mais si expressif des fleurs.

— Non, répondit-elle, il y en avait, je l'ai fait arracher et vous n'en découvrirez pas dans tout le jardin. Mais tenez, prenez cet œillet rouge, c'est tout ce que j'ai trouvé de mieux.

En disant ces mots, elle s'apprêta à le mettre à ma boutonnière. Comme elle était penchée, mes lèvres effleurèrent ses cheveux parfumés et le dessus de son front. A cette sensation imprévue, elle retira brusquement la tête comme si une guêpe l'eut piquée. Elle reprit mon bras et nous continuâmes notre promenade.

— Vous ne me laissez point d'ordonnance aujourd'hui, me dit-elle?

— Si fait et j'allais vous dire ce que vous auriez à faire. Demain à une heure je viendrai vous prendre en voiture. Comme uous ne pouvons y aller seuls, je vais inviter madame V. à nous accompagner.

Ainsi fut dit, ainsi fut fait. Le lendemain à une heure, nous partions au grand trot visiter le moulin de Prime. La route qui y mène est délicieuse. Creusée dans sa plus grande longueur dans le roc, elle longe un précipice au fond duquel roule un torrent dont on apercevait, par échappée, les eaux blanches et écumeuses. Il y a beaucoup de rapport entre cette route et celle qui précéde le désert de la grande-Chartreuse. Autrefois on allait au moulin de Prime admirer la jolie meunière. Je ne sais plus aujourd'hui si c'est la même, mais je vis quatorze ou quinze marmots grouillant autour d'une femme jeune encore mais dont les traits tirés et amaigris ne laissaient plus entrevoir la beauté du visage. Elle donnait à manger à toute cette marmaille qui piaillait à qui mieux mieux.

Le plus âgé de la bande s'approcha de moi et me fit voir des sièges sous une petite tonnelle. Il me demanda aussi si je voulais boire du cidre. J'acceptai avec plaisir son offre. Cette boisson rafraîchissante et agréable au goût est pour ces braves gens l'occasion d'un petit revenu. Il n'est personne en effet qui ne paie au petit bambin qui vous a apporté ce cidre, un peu plus que les 50 centimes qu'il réclame pour sa bouteille.

En revenant, je me trouvai placé en face de madame Z. qui s'évertuait à me faire admirer les beautés de la route. Je fus forcé de lui avouer que je n'en connaissais pas de plus belles que celle que j'avais en face de moi.

Aussitôt à mon retour à Aix, je courus au Casino commander un bouquet au jardinier.

Je lui laissai l'adresse en même temps. Le soir, en entrant au salon, je vis mes fleurs sur sa petite chiffonnière.

— Merci, me dit-elle, **il** est fort beau. Mais vous qui aimez tant l'héliotrope, pourquoi en avez-vous fait mettre si peu ? Si jamais je vous offrais un bouquet je prodiguerais cette fleur.

Le ton avec lequel elle me parla, me frappa. Je le trouvai composé, gêné et je ne doutai pas que ces mots cachaient quelque chose.

— Réfléchissez bien, madame, que les fleurs ont leur langage, comme nous, le nôtre ; avec cette seule différence que le leur est toujours éloquent parce qu'il est muet. Un bouquet d'héliotrope, mais ce serait vous compromettre, lui dis-je en souriant, ce serait un aveu . . . .

— Que ce soit un aveu ou non, s'il me plaisait de l'envoyer, j'espère que vous le recevriez, répondit-elle, avec vivacité en me regardant.

— Me croyez-vous assez fou, madame,
pour refuser une fleur quelle qu'elle soit, ve-
nant de vous; même fanée, elle sera toujours
un souvenir bien cher des moments si agréables que j'ai passés près de vous. Mais à pro-
pos, dites-moi, comment allez-vous ? Sentez-
vous un mieux, une amélioration dans votre
état ?

— Je vais bien, me dit-elle et vous êtes
un homme de génie.

— De mon côté, je remarquais chez ma
malade un changement à vue d'œil, et je
crois bien que ma charmante veuve avait
choisi pour son remède celui que je lui avais
indiqué en dernier lieu, disons le bien bas
pour ne pas vous effaroucher, timides lectrices, elle avait choisi *l'Amour*.

Autant celui-là qu'un autre, pourrez vous
me dire.

A cela, je vous répondrai que je suis de
votre avis, car les goûts sont dans la nature.

Dans la crainte que la promenade ne l'eut

fatiguée, je me retirai de bonne heure et je courus au Casino ou je trouvai joyeuse compagnie.

En rentrant chez moi, à onze heures, François me dit d'un air mystérieux ; monsieur, on a apporté un bouquet pour vous , je l'ai mis dans l'eau.

Je crûs que François voulait rire, et à mon air peu convaincu il ajouta : allez voir, monsieur, il est dans votre chambre sur votre table.

Qui diable peut avoir eu l'idée de m'envoyer un objet si peu à l'usage du sexe masculin, pensai-je?

En effet un fort beau bouquet plongeait ses pieds dans mon pot-à-eau et me regardait d'un air béat. Je le pris et je vis qu'il était composé presque uniquement d'héliotrope.

Il n'y avait plus à en douter ; je recevais mes honoraires.

Le lendemain matin, à onze heures, j'étais

chez ma malade. A ma vue, elle rougit, eût
l'air embarrassé, mais elle reprit vite son
sang-froid.

. . . .
. . , ...
. . . .

Ne vous étonnez pas, chers lecteurs et chères lectrices, de ces nombreux points. Ils me
rendent un très-grand service, ils m'évitent
de vous reproduire la conversation que j'eus
avec madame Z., conversation insignifiante
et banale au dernier degré. Ne voyez rien
au delà de ce que je vous dis, car vous vous
tromperiez entièrement.

Que si le soir je fus retourné près de ma
malade . . . . guérie et que vous m'en
eussiez demandé des nouvelles, je vous aurais
peut-être répondu: Ah! le remède a agi avec
plus d'intensité que je ne le supposais. Il a
occasionné une fièvre violente, qui a mis
ma malade hors d'elle-même.

Quand je sortis de chez madame Z. ses

dernières paroles furent celles-ci : Promet-
tez-moi de rester encore un mois. Vous avez
été souffrant pendant quinze jours, recom-
mencez une autre saison *dans votre intérêt*
et . . . . . . pour moi si vous êtes
gentil.

Je ne promis pas, mais je lui laissai entrevoir que je ne pouvais l'abandonner en si
bonne voie de guérison.

Je n'avais plus rien à faire à Aix, mon
traitement, qui m'avait fort éprouvé, était
terminé et mon expérience avait réussi aussi
complètement que je le voulais.

Je pensai que ma belle veuve, connaissant
mon système, se traiterait d'après lui et
qu'avant deux mois peut-être, elle me re-
mercierait intérieurement de m'être éclipsé
et d'avoir voulu fuir les ovations et les re-
merciements qui étaient dûs à une si grande
découverte. J'avais d'ailleurs sérieusement
besoin de rentrer dans ma famille et de me
reposer des nombreuses fatigues qu'occa-

sionne une saison d'eaux. J'eus soin de pré-
venir madame Z. que je ne pourrais me
rendre le soir chez elle parce que plusieurs
de mes parents venaient d'arriver. Le lendemain, je quittais Aix par l'express de quatre
heures et avant que le soleil n'eût coloré de
ses derniers rayons ce lac et ces montagnes
que je fuyais à regret, j'étais au milieu de
ma riche Bourgogne.

Tel est le récit vrai de cette petite aventure qui dura près de huit jours. Je l'ai ra-
contée tout bonnement comme elle est arrivée, car j'écris ces souvenirs sans les discuter,
sans tirer la moindre moralité, la moindre
couclusions des faits dont j'ai été témoin. Je
sais que l'on pourrait se livrer, sur ce qu'on
appelle la vertu d'une femme, à des théories
à perte de vue, ou bien discuter indéfiniment
pour savoir si la veuve est plus facilement
entrainée que la femme en puissance de
mari. Mais je le demande est-ce ici le lieu?
non, assurément non. Vous aimeriez peut-être

mieux savoir comment était celle dont je
vous ai parlé si longuement ?

Quel âge? direz vous. De 25 à 28 ans,
je pense.

Ses yeux ? Des yeux si vifs et si brillants
qu'ils eussent pu faire tomber tout un régi-
ment à ses genoux.

Et le reste du visage ? D'abord je ne vis
que les yeux et je ne pouvais voir autre
chose. Plus tard lorsque je me suis avisé,
j'ai vu que le nez était mince et légèrement
retroussé, la bouche petite et finement dé-
coupée, la taille souple et bien prise, le pied
petit et le tout à l'avenant ; toujours mise
avec une élégance rare, en même temps
qu'avec une simplicité distinguée, elle por-
tait à ravir une toilette noire sur laquelle scin-
tillaient mille petits ruisseaux de jais.

Pardonnez-moi, chères lectrices, si je vous
donne une si mauvaise esquisse de celle dont
je fus le *médecin* pendant huit jours.

CHAPITRE X

Où il est parlé des deux plus charmantes jeunes
personnes que la terre ait portées.

Quelques mots encore avant de poser la
plume. Une dizaine de jours avant mon départ,
je vis un matin à déjeuner, en face de moi,
trois dames en noir: une femme d'un certain
âge et deux jeunes filles. Leur tournure n'était
pas précisement celle des françaises; leur
teint, un peu bronzé, dénotait des créoles, tout
au moins. Je ne me trompais point car j'appris plus tard que ces dames étaient en effet
originaires de la Martinique. Elles portent le

même nom qu'un député bien connu, leur
parent.

A la mort de son mari, madame H*** re-
vint en France avec ses enfants, s'établit à
Paris et vécut de la vie du grand monde. Il
y avait déjà six ans qu'elles avaient quitté
le soleil des tropiques pour le brouillard du
nord, lorsqu'elles arrivèrent à Aix par une
pluie battante.

Je déclare qn'il était difficile de voir deux
types de femmes plus beaux que ceux des
demoiselles H***. Elles se ressemblaient toutes
deux et il était malaisé de distinguer la cadette de l'aînée. Mademoiselle Alice un peu
plus brune que sa sœur, causait, riait plus
volontiers que mademoiselle Lucienne. L'air
plus réservé, plus mélancolique, en même
temps que les traits plus accentués de cette
dernière fit que je la supposai l'aînée.

Toutes deux avaient cette distinction et
cette élégance que l'on rencontre rarement
chez des personnes de leur âge. Leur dé-

marche était celle d'une reine. Sans affecta-
tion, tout naturellement elles inspiraient le
respect et l'admiration. Des yeux noirs et
vifs donnaient à leur figure un air de détermination et de résolution peu communes.
Leurs fronts petits comme ceux des statues
grecques étaient ombragés des mille boucles
fantasques de leur belle chevelure. Leurs
tailles étaient minces et souples comme un
roseau, leur voix une pure voix de cristal.
Leur rire avait quelque chose d'étincelant, on
aurait dit un rire d'ondine, un rire de cascade, ou le bruit d'une eau jaillissante qui
mousse et bouillonne.

Ce qui excitait l'admiration et semblait
un jouet de la nature, c'était leurs pieds.
Un vrai petit bijou. A peine était-il aussi
gros que deux des doigts de ma main. Bien
loin d'être difformes pour cela, ils présen-
taient une cambrure ravissante. On se deman-
dait avec étonnement comment des pieds si
mignons pouvaient trottiner.

Une indépendance de caractère que nous trouverions exagérée, nous autres Européens, faisait qu'elles n'agissaient qu'à leur tête. Leur mère, d'ailleurs habituée, à ce genre d'éducation les laissait complétement libres. Volontaires comme des Américaines, elles ne supportaient pas que l'on dérangeât en rien leurs plans. Ce qu'elles avaient résolu de faire, elles le faisaient en dépit de tout. Tout insouciantes des appréciations de leurs voisins ou voisines, elles cherchaient d'abord leur agrément et leur confortable. En cela, je crois qu'elles avaient parfaitement raison. Et puis, une fois qu'on avait le bonheur de les connaître, quelle affabilité, quels charmes dans leurs rapports. J'ai eu l'honneur de connaître ces dames pendant quelques jours et je n'ai qu'à me féliciter des moments agréables que j'ai passés avec elles.

Un piano fut notre trait d'union. Un jour que j'étais assis devant cet instrument et que je tapais dessus, je vis entrer ces trois dames ; moi de me lever avec précipitation.

— Restez donc, monsieur, je vous en prie et jouez moi quelque chose, me dit mademoiselle Alice.

Grand fut mon embarras, car depuis cinq ans je ne m'occupais plus de musique. J'eus beau protester, affirmer mon ignorance en pareille matière, intercéder pour leurs oreilles, rien n'y fit. Quand je disais que ce qu'elles voulaient il le leur fallait, je ne me trompais pas. Je dûs céder et exhiber de mes souvenirs une antique mazurka que je jouais à la fin d'un bal, alors que le bruit couvre le son.

Qui fut étonné en finissant, ce fut moi, car ces demoiselles m'accablèrent d'éloges. Je crois que l'on rendait hommage à ma bonne volonté. Je ne savais où me cacher, lorsque avisant un fauteuil vide près de mademoiselle Alice, je me précipitai dedans et entamai la plus extravagante conversation sur leur bizare désir et leurs applaudissements ironiques. Une heure après, nous étions les meilleurs amis du monde. J'y gagnais toujours cela.

Lorsque le temps était beau, ces dames me priaient de les accompagner au Casino. Pendant que mes amis dansaient comme des enragés, nous nous installions commodément dans un coin du petit salon et là je leur nommais les célébrités que je connaissais et qui défilaient sous nos yeux. Du côté des hommes c'étaient : Monseigneur le duc d'Aumale, le général Vinoy, le préfet de la Seine, Guyot-Montpayroux, Stop, notre spirituel caricaturiste qui a rempli tout un journal amusant de dessins sur les choses et les gens d'Aix, Offenbach qui représentait la musique, Bonnet, des Bouffes et tant d'autres dont j'oublie les noms.

Du côté des femmes : la célèbre princesse Colonna dont on admire les œuvres, dues à son ciseau, et la troupe brillante des actrices :

mesdames Théo, Zulma Bouffar, Krauss, Cé-
cile Regnauld, et la phalange des Italiennes,
toutes princesses, duchesses, comtesses, ba-
ronnes ou marquises. Sur les douze cents
Italiens et Italiennes dont j'ai lu les noms
sur la liste des étrangers, tous ou toutes
avaient des titres. Je me demandai si, dans ce
pays, il n'y avait pas un seul bourgeois, si
tout le monde était noble.

Mais revenons à notre petit coin d'où nous
voyons tout ce monde. Bien peu échappaient
à la critique spirituelle et vraie de mes deux
amies et souvent je leur repprochais leur peu
de charité. Les messieurs étaient surtout leur
point de mire. Comme je répondais sur le
même ton, nous nous livrions une série d'es-
carmouches où je me rendais le plus souvent.
Pour me venger, je me permettais des char-
ges furieuses contre le sexe à jupons. Je
m'indignais de voir ces poupées ridiculement
habillées, ne s'occuper que d'une seule chose,
savoir si on les regarde.

Je demandais si la femme avait été créée et mise au monde pour soupirer, lancer de longues œillades, se déguiser, ruiner ceux qui l'approchent, s'ennuyer et mourir ? Elle en est arrivée à ne se rendre utile que lorsque les hommes veulent rire ou attirer les regards de leurs amis ou de leurs voisins. N'est-ce pas attristant de voir la femme devenue objet et non plus compagne ? Ne devrait-elle pas, sérieuse et grave dans sa tenue, être l'âme de la famille ; ne pas quitter ses enfants, les élever dans des principes honnêtes et religieux ; ne devrait-elle pas être l'auxiliaire indispensable de son mari dans ses travaux, soutenir son courage abattu, le relever dans ses défaillances? Si, n'est-pas? Eh bien ! regardez toutes ces femmes parées, fardées, emplumées, qui toutes veulent être plus belles les unes que les autres, y en a-t-il une qui semble se soucier de ses enfants, de son mari, de ses domestiques ? Non.

Le beau gommeux qui lui débite des fadaises est plus écouté assurément, que celui qui parlerait du meilleur mode d'éducation.

. . . . C'est ainsi que nous abimions, elles les hommes, moi les femmes, que nous faisions de la morale, sans que, pour cela, rien ne fut changé sur terre.

— Que pensera-t-on de moi, dis-je un soir à mademoiselle Alice, en me voyant toujours avec vous?

— Ce que l'on voudra, répondit-elle. Ceux qui ne vous connaissent pas vous croiront mon frère.

Lorsque la pluie nous clouait à la pension nous nous réunissions, les jeunes bien entendu, et jouions aux jeux innocents. J'étais sûr, qu'à côté du fauteuil de mademoiselle Alice, il y avait ma chaise.

Un jour, nous avions résolu une promenade à la cascade de Grésy, mais au moment de partir, la pluie, l'éternelle pluie, vint stupidement se mettre entre nous et la partie. Mais les dames H*** l'avaient dit, et cela devait

être. Au lieu d'un léger panier, elles de-
mandèrent une voiture fermée et fouette
cocher, elles étaient déjà loin lorsque je
leur criai au revoir.

Au moment de partir, elles s'approchèrent
de moi et me dirent affectueusement :

— J'espère que vous ne viendrez pas, il
fait froid, il pleut à verse et vous avez un gros
rhume qu'il faut soigner. D'ailleurs nous ne
resterons pas longtemps absentes.

— Je promis d'être sage.

Nous ne pouvions cependant rester en
arrière, ces messieurs et moi, pendant que ces
dames bravaient le mauvais temps. Quelqu'un
qui nous eut vus, enfermés dans une vieille
mais confortable calèche, courant les routes
par un temps pareil, nous eût pris pour des
fous. Grâce à nos deux chevaux, nous arri-
vâmes quelques minutes après ces dames.

A peine eus-je mis pied à terre que je fus
grondé, accablé de reproches. J'eus peur un
moment d'être battu, je fus seulement poussé,

bousculé puis jeté dans une cuisine ou brûlait
un grand feu. C'étaient ces demoiselles qui
soignaient mon rhume. Comme j'écoutais
avec plaisir ces deux voix si douces, me gron-
dant si fort, dans l'intérêt de ma santé !

Nous visitâmes les cascades en courant et
revînmes, en toute hâte, à Aix.

Un accident arrivé en 1813 à madame la
baronne de Broc, l'une des dames d'honneur
de la reine Hortense, a rendu cette chute
d'eau tristement célèbre. Cette cascade n'offre
du reste rien de remarquable que les entonnoirs qu'elle a creusés dans le roc, et dans
l'un desquels cette jeune femme a péri. Ces
entonnoirs ont de quinze à dix-huit pieds de
profondeur. Cette curiosité, improprement
appelée cascade, n'est qu'un torrent impé-
tueux qui s'est creusé un lit entre deux rochers sauvages. Sans l'accident dont j'ai
parlé, personne ne penserait à venir à Grésy.

De plus en plus fatigué par le traitement
que je suivais et par la toux qui m'abîmait

la poitrine, j'étais décidé à partir le lendemain de cette promenade. Lorsque j'annonçai
ma détermination à mademoiselle Alice, elle
me supplia d'attendre le moment de leur
départ qui aurait lieu à la fin de la semaine.
Malgré mon violent désir de lui plaire, je dûs
refuser.

Le soir, à cinq heures, j'étais au café, lorsqu'un de mes amis entra et me dit :

— Tu sais, tu ne peux plus partir, le
chemin de fer est coupé, une trombe d'eau a
enlevé un pont. Le fait était vrai.

Le soir, à diner, je racontai cet accident et
je vis les demoiselles H..., battre de leurs
petites mains et s'écrier que c'était bien fait
et que, par là même, je serais forcé de rester.

— Attendez un peu et écoutez la fin de
l'histoire, repris-je. Des ordres ont été don-
nés et de nombreux ouvriers réparent les
dégats commis par l'orage. Le chef de gare
m'a affirmé que demain le service sera repris
sur toute la ligne.

Qui fut capot ? Ce furent mes belles créoles qui voyaient leur chance de retard s'évanouir.

Le lendemain, tous les jeunes de la pension avaient organisé une excursion aux gorges du Fier près d'Annecy ; naturellement, mesdames H*** étaient de la partie. Seule, mademoiselle Alice refusa net de se joindre à eux. Elle donna pour toute raison de son refus que son bon plaisir était de rester.

Le soir, lorsque je fus un moment avec elle, je la remerciai de sa détermination, lui disant combien je serais heureux de passer la dernière heure avec elle.

Elle me sourit et me répondit ces simples mots :

— Si je reste, c'est que je le préfère.

Le lendemain, en effet, à onze heures, la bande joyeuse se dirigeait vers la gare. Le temps s'était mis au beau et le soleil semblait vouloir être de la partie.

A midi, je frappais à la porte de mademoiselle Alice. Elle m'ouvrit aussitôt et me
dit :

— Je vous attendais; descendons au salon·

Les quatre heures qui précédèrent mon
départ me semblèrent les plus courtes de
toute ma vie.

Que j'aime à me rappeler ces quelques
instants de tête à tête! avec quel charme elle
me disait le moindre rien! Ses paroles franches
et cordiales m'impressionnent encore lorsque
je viens à me les répéter.

Si ce farceur de Josué eût habité Aix,
comme je l'aurais supplié de renouveler sa
belle expérience qui l'a rendu si célèbre. Mais
la pendule, cette impitoyable pendule qui
regarde du même œil sec la joie et la douleur, vint me signifier brutalement d'avoir
à décamper et à voguer vers d'autres rivages.

J'obéis non sans peine, et je fus un moment sur le point d'ajourner mon départ,

Heureusement, la raison parla plus haut que le cœur et je partis sans retourner la tête.

Une heure après, j'étais bien loin de cette vallée délicieuse où je passai de si doux moments entrecoupés parfois, il est vrai, de longues heures d'ennui.

Beaune, le 30 août 1875.

TABLE DES CHAPITRES

———

Beaune , imp. Batault-Morot.